時光誌

哲明 著

文史哲詩叢
文史哲出版社印行

國家圖書館出版品預行編目資料

時光誌 / 哲明著.-- 初版.-- 臺北市：文史哲,
民 103.08
頁；　公分（文史哲詩叢；118）
ISBN 978-986-314-203-4（平裝）

851.486　　　　103015376

國藝會 NCAF 本書榮獲國藝會贊助出版

文史哲詩叢 118

時光誌

著者：哲明
出版者：文史哲出版社
http:// www.lapen.com.tw
e-mail：lapen@ms74.hinet.net
登記證字號：行政院新聞局版臺業字五三三七號
發行人：彭正雄
發行所：文史哲出版社
印刷者：文史哲出版社
臺北市羅斯福路一段七十二巷四號
郵政劃撥帳號：一六一八〇一七五
電話886-2-23511028・傳真886-2-23965656

定價新臺幣二二〇元

中華民國一〇三年（2014）八月初版

ISBN 978-986-314-203-4　　09118

【推薦序】

心事

李時雍

收到你的信，裡頭摺疊著一首長長的詩，是去年初的事吧。

信中文句敬謹、溫煦、安靜，而帶有一點疏遠的距離；但再展讀著詩，又好像所有言外的、深暖的心意，都留在了那愈書愈長的詞語。我數了數行數，六十八行，編排在副刊的版面，剛好走過整個左側，像幅員遼闊的地圖，穿行迢遠的大路，像詩題〈沿途指涉——獨奏曲〉。

編輯在詩題壓上了淡綠色草原般的色塊，以反白的蜿蜒的虛線，代表著邊界或旅路，延伸而下，有翻開的書本、仙人掌的小圖，海浪的曲折無止無盡。刊出那日，我重讀了一次，印刷在灰白報紙上的每個詞語，似多了一點點旅行的疲倦與印跡。

這一年我收到你斷續的信。從未曾見面的我們，也不曾試圖進一步在生活中，識得彼此的樣子；好像那些信只是爲了橫越一段路，攜帶一首詩，有時問候，不爲其他的什麼，而那些詩，成爲獨奏。

涉越草原，涉越海洋、季節、草木、介殼蟲、行句與書、與寂寞；如物一般的字詞，被擱著，在沿途，被棄擲、標記著，像積木一樣被重疊著，當潮汐搖晃，遂散落在心情的四處。成了長詩，成爲路。後來則有更多的短句，十四行體例的《短信》系列，總題爲《抒情詩》的二十餘篇，八行一則，最後一句且空出一個空格，屏息過後，不容置疑的結束語。

我喜歡那些散文化的語句，「天氣好嗎？／一切都還好嗎？／你想去看看海嗎？……」彷彿可以輕訴出聲，帶有形狀，如此近在耳畔，演員的獨角戲，在空蕩蕩的劇院裡，獨白迴響有聲。我喜歡那些形式嚴整的短詩，一張明信片的大小，寄件人細心地沿格線，謄寫好一字一句。

你說：「沿途指涉季節，藉著／深淡與冷暖／辨識各物」。時光藉季節的遷變與指認，恆是這些詩的命題，然而其中令我莫名感動的、更是那句反覆書下的，冷暖與深淡，好像一語表白了詩人情感、個性的辯證性，或者書寫的動機；是生活自然的體悟之間，在提筆寫下那些敬謹的信箋之時，是抒情著長長的句子仍難以抑遏，另一方面卻又放置自己在設下的節制的格律之中……

想起看過的一部公路電影，主角爲了忘懷一段感情而出走，在大路上流浪，並沿途寫信，寄回至最後離去的咖啡館一位守候在彼的人。寫信不爲對話，更像一則則遷徙的備忘，一些喃喃的獨語，連成一張地圖，卻遺漏可供指認追蹤的線索，唯留下路上的草原、海浪、花木、行句與書與寂寞。

而我終於知道那除了是藉時光以名之的各種事物，更是那所曾摩擦觸及的心，心事，才是詩書寫的關鍵詞。鍵入這兩個字，在隨最後一封信寄來的書稿裡；褐黃色的標記，竟覆上了眼前的每一個字詞，像涉越過春夏的墜落的枯黃的葉覆蓋下，唯有的索引，標識出了你，與你此曾在的心之事，時光之誌。

【推薦序】

寂寞是淺淺的幸福

陳建男

周策縱先生曾說：「自我意識之成立，必以時間為基礎。能有個人認同或個性與人格的建立與認識，必須依賴對過去的記憶，換句話說，就是必須通過時間的延續。如果沒有記憶和時間的延續感，所有的瞬息經驗都是片斷破碎的，不相連續，就沒有自我人格可言。所以自我意識的建立，早已意味到人們對時間的流動與延續有了適當的感認。」時空的命題，所有詩人都無法迴避，尤其是時間。

無論穿梭古今中外，或情景交融，或為人而作，楊牧的詩都是一度時光的留影與流痕。在〈給時間〉，詩人並未正面提到時間，然而詩中二度提問「甚麼叫全然的遺忘」、「甚麼叫記憶」，提示時間可能存在的痕跡，在〈時光命題〉中，楊牧再度提問，是今昔的對比與事理的循跡。而哲明的詩，題材由空間、人事而至時光，時光不著痕跡的記載，是欲蓋彌彰的過往，有情有思。

特別以楊牧對舉，不難發現詩集中有許多光譜色暈接近之處，無論詩題或是詩句、意象，如「抒情詩」系列、星圖、蘆葦、介殼蟲、完整的寓言、對時光的探問等，讓讀者可以迅速、立即地透過這些符碼連結詩意，而這似乎讓哲明的詩於風格上有些轉變。與《白色倉庫》時期不同，《白色倉庫》以視覺爲主，呈顯詩的空間意象與結構，而《時光誌》是感受的，由直觀到感知，由立即的觸目到「寂然凝慮，思接千載」，那彷彿是一種封閉的迴路，有較明確的回憶軌道和感知經驗的呈現。

如「抒情詩」一輯許多詩作發表時都以〈抒情詩〉爲題，哲明很有意識統攝此系列詩作的共同命題，楊牧同名詩作開頭是這樣寫的：

「心事太多了反而就好像……」
鋼琴聲跌宕抒情：「好像甚麼
都沒有。」

然而細味哲明詩作，並非沒有心事，而是不在／再之在，而是同此輯詩中「再也無法相信的存在」、「冷清完美的存在」或「昔日的記憶」，那成爲寂寞、悲傷守護的時光，成爲令人懷念的秘密，甚或是句點。這些詩並無太清楚的指涉或蹤跡可循，但抒情本非尋找玉谿本事或合肥情事這般，而是透過意象、氛圍的渲染，讓過去與未來拉扯的當下得以產生張力，如伊東豐雄寫的這段話：「飲酒的快樂，並不在於醉後忘了自己本身的事，而是在醉意開始在體內巡迴的那僅有的片刻。……在那瞬間原本清楚的意識輪廓突然急遽地變得曖昧。那就像黃昏遲靄的風景那樣，原本帶有明確形態與色彩、深度、觸感的事物，都融進了淡紫色的空氣層當中而逐漸變成柔軟而曖昧的存在。」每一首〈抒情詩〉系列都是如此，所以，詩人在〈接續〉寫著舊日旅程中，「此刻山杜鵑搖曳著秋天令人／尋著熟悉的意象想念起來」，無論是連結不如歸去的感慨或是以寫物附意切事的方式，讀者同感於悲傷以終老的氛圍，便能在悲傷的風景中同觀。

《時光誌》常提到「悲傷」、「寂寞」與「苦楚」，這些狀態尤其集中於「抒情詩」與「涉越」二輯，密度之高也與《白色倉庫》截然不同。哲明毫不避諱，並以〈寂寞〉爲題，在設問、遲疑中辯證「愛」與「寂寞」，是因爲相信愛而開始感到寂寞，或早是寂寞的年紀而明白愛的終結？詩人以樹木與木葉刻畫時光困境中愛與寂寞的辯證，由本體而生發，形象而抽象，再回到旅程中「人」的缺席（或不在乎），詩人的存在與期待的落空，成爲互相涉越的界線。再如〈失落〉，雨後的新生似乎是好的，然而「寂寞助長了憂慮，並且／曲解著意義，思緒穿繞至原始／所有嘗試都失敗了」，新生與敗壞相互滋長，鼠尾草的花語是愛家、顧家，那是詩人的想望，寓言似乎是不可能，卻也是「寓—言」，透過鼠尾草想表述某些不言說的念頭，如「物色之動，心亦搖焉」，那是「接近詩辭與／芳華的時光」。

哲明很常用「抒寫」二字，創作的過程常如織布，發抒悲傷、寂寞的情緒，透過詩而得以完成，再一次將心緒組織在前，正如宇文所安說的：「詩意在於這樣一條途徑，通過這條途徑，語詞把想像力的運動引導向前，也是在這條途徑上，語詞由於無力跟隨想像力完成它們的運動，因而敗退下來。這些特定的語詞使失落的痛苦凝聚成形，可是又作出想要遮蓋它們的模樣。」因此無論是草木之名，或是旅程中的方向指涉，哲明並不諱言「寂寞」、「悲傷」、「痛楚」，而是直視，並不斷重複、反覆出現，那彷彿如李後主之詞不斷出現孤獨、悲傷、懊悔、夢等詞彙或情境一般。正因為直視痛苦本身，時光之流轉更銳利，然自身的堅定也更確切。

集以「誌」名，是記錄，亦是私密的對話。「誌」更是片段的記憶，在「時光困境」與「抒情詩」二輯皆以短詩來抒寫，便更有此種「斷片」的感覺，是單向的，在延續性中停止。輯一「時光困境」的詩常穿插話語，多數放在詩末，話語本身即是詩中詩，讓詩意進一步延伸，如〈放棄〉，海的存在是內心最沉落之表徵，詩末云「會有曲折的劇情嗎？」彷彿在潮汐來回間，也期待有些意外的轉圜；〈重複〉透過「呼出的空氣，重新進入我身體。在此…／延續生命」，來述說持續、反覆的記憶折騰。更是許多「斷片」，如

〈虛擬〉，單方面的解釋或命題，都是在哀悼，「起身之後，再也找不到位置。那只是一段／虛擬的時光。」〈謊言〉點出「存在與謊言無界線」，正因爲如此，愛與記憶都是如此痛苦，並且無法割捨。日誌之名更將敘述者的詩人「我」不停彰顯，時光既是無法挽留，惟有以書寫頂住遺忘，沈湎的時光書寫既是哀悼，亦是永誌不渝。

詩集中較不一樣的是「間奏」一輯，除了詩題稍稍不一致，詩人不停用重複的句法或語言，形式上也與其他詩稍異，但就情感層面而言，則是相同。如〈信仰〉，詩人問愛與寂寞會絕種嗎？詩句彷彿經句，閱讀的當下，「我要有信仰」彷彿也成爲呢喃的言語，信仰並不可具象，正如愛與寂寞，種種自我的節制與規範，猶如嘲諷般，〈修改〉一詩也與此類似。

Bakhtin 曾說詩式語言（poetistic）是指「向心的」（centripetal）、「獨語式的」（monologic）語言，整部《時光誌》就如同一首詩，全然指向「寂寞」的探問，答案或許是「愛」的匱乏、記憶的永劫回歸，用「簡單的句子」就可以描述詩人「我」現在的樣子。楊牧詩云「我在探索一條航線，傾全力／將歲月顯示在傲岸的額」，哲明的詩亦傾全力在回應時光的命題，無論對他而言，是困境，是各種反面的集合，記憶卻是一以貫之，不可磨滅的存在，寂寞何嘗不也是另一種詩性的幸福。從《白色倉庫》到《時光誌》，由空間而時間，從真理的思辨到心的探問，掌握抒情而緩慢的聲腔，哲明更往內心追尋，這部詩集是心／新的里程碑，「物以貌求，心以理應」，斯是之謂。

時光誌

目次

輯三：短信及備忘錄……六一

輯四：抒情詩……七五

輯五：涉越

輯一：時光困境

失去

野草漫長的房間，牆面描繪星圖
一如我長久堅守的陰雨。有人打翻了海我知道
空氣瀰漫薄荷味
「以爲免疫，卻又悄悄點燃。」
手指……指涉螢火蟲的命題，忍不住放聲哭泣，彷彿沾溼
的蘆葦，絆住一段虛構時光
「失去的時光有無重量？我的意志
好輕。」

（二〇〇七）

過境

有些改變在身體裡。例如
思維的據點，季節與溫度在手掌的觸覺，以及
一棵樹的價值⋯
百般無聊的夜，我找不到一點痕跡「
彷彿⋯過境後的時光，只遺留了感覺
的哀愁。」

我需要聲音，關於那些⋯被真理屏除在外的撞擊
「而我並未儲存⋯。」

（二〇〇七）

潛藏

列車廢駛後的風景，該如何鋪寫？
右手不再能輕輕撩起十二月
的冷風。面對敗壞的海，我與北回歸線垂直
與記憶平行⋯
「關於那些進入又離開的憂愁
無法具體描述。」

誰的筆摩擦著我的背？加上蔚藍的天空，繁殖的光線
似輕的時光，以及⋯

（二〇〇七）

放棄

海的頹廢，不帶有任何主義
放棄解釋過去：拆解時光命題。放棄想像…海風中的鹽粒
沒有刮傷我的憂鬱
…沙灘不是身體一部份
海色靜止，悲傷持續進行…來自我的存在
需要一些睡眠，海浪反覆試探著
「會有曲折的劇情嗎？淋溼這一切既定的
疲憊。」

（二〇〇七）

重複

未竟的海，淺淺的刪節號與我
撞擊彼此構成時光。與記憶摩擦成淺淺的海、刪節號與我
沒人打斷這一切
……沒有被迫停止的落寞
持續的疲憊，持續的遺忘與持續的想起
重複的劇情
「呼出的空氣，重新進入我身體。在此…
延續生命。」

（二〇〇七）

痕跡

遠處的船是島嶼，腳下的
島嶼是船。航行於時間的領海，藉由一群沙鷗
（以及記憶）
我的影子的心臟，長出一朵花
微弱卻沾染十一月的冷風…帶領視線向遠方不斷延伸
抵達童年。途中除了海，沒有痕跡遺留
「過去的悲傷爲時光而寫，今後的我…
爲悲傷而寫。」

（二〇〇七）

厭倦

同一支耳朵聆聽海
強烈的雨下的如此抽象，像是一堆刪節號
擦拭時光界線
…想起上次的寂寞
徒手修改城市的輪廓，承認有些顏色在體內已經死亡
打斷距離，讓船航行於手掌上
「夕陽藉著船桅將真理指在海面，我卻
早已經厭倦遷徙。」

（二〇〇七）

錯置

閱讀時光簡訊
飛機拉走青春時翻落大雨，讓我藉故停留
淺淺憂鬱
彷彿置身，等待玉蘭花開的無聊時光
鋤草機與後院的熱
反覆聆聽一首曲子，直到鋼琴聲淹沒空氣漫長的無奈
「生命非存在與離開如此簡單…
但我只有一場雨的時間。」

（二〇〇七）

偏離

「昨夜那一場雨已過期
今天的心事是屬於今天的。」此刻沒有抽象的
漂泊，以身體伴奏雨
意志與權力失衡。路人偏離主題，他們曾都是理想主義者
憂鬱到容易畏懼，風景彷彿
撤退在即

記憶蒸發時貼著我⋯該用哪一種角度
欣賞雨

（二〇〇七）

虛擬

一個人不發聲
試圖以憂愁解釋這場雨：整個下午都是抽象的？
它們隱藏在蕭索的眼神後，只留下記憶。有些連記憶也沒有
才是我的命題（…
點燃菸，一個人陷落）。其實我不抽菸…
刪除前行文字
「起身之後，再也找不到位置。那只是一段
虛擬的時光。」

（二〇〇七）

撤守

我逼迫我，離開邊境
模稜兩可的情緒
沒有想法，乾瘠的海洋殘存著遺骸。黑色潛意識堆疊
成貓，捉傷靈魂的空曠
遺失此刻計畫，隨著駱駝坐往下一座
虛擬的城鎮（或沙漠）
寂寞於占據後撤守，我卻反覆於此
不斷擴張

（二〇〇七）

凌亂

我很想念那時候的想念
想念海，未凝結的遠方與虛構繁殖
「相同的風景與命題⋯
不同的呼吸與寂寞。」
雨勢凌亂，模擬此刻的我。隱隱復活著那些死亡的我
的片段
凌亂中，我有另外一種身分與⋯
另一種懷念

（二〇〇七）

刪除

翻開我，一半是海
一半是檸檬
酸酸的昨天，酸酸的沒有邊界。鏡子裡我獨自喝酒
與夏天一起爛熟
鋤草機佔據我耳朵，綠色蠟筆填補
出界的空洞
像繩索與僕人，緊緊的我綑綁著憂鬱不放
我在意被刪除的那些

（二〇〇七）

敷衍

「雨下的陽光是溼的。」
十一月的蕭索令我擁有整片海，以及冷清⋯。
山的右邊是未來
未來右邊是過去
⋯⋯漁船在遠方取景，鏡頭下我是一個句點，因爲撐傘
堅持結語式低調憂鬱
浪邊推敲無端的組合。「無法拒絕霧的存在
⋯何不敷衍走過？」

（二〇〇七）

消失

一個恬淡下午，的房間
找到一些痕跡。記憶末端，萬朵雲在身後蜷動。彷彿⋯
視線所及，只有一顆樹存在
必須拆穿謊言與虛無。壓住琴鍵，聽見詩的落寞
「有人一直相信著真理？」
悄悄移動信仰。偌淨時光
一些恬淡的憂鬱，擦拭一些痕跡，以及
我的存在

（二〇〇七）

匿藏

繼續繁殖文字的靈魂？抽象的愛
肉體衰老時匿藏痕跡
像我不敘述轉角前的公車路線，經過博物館遺址、童年
以及別人的路線
陽光虛構戰火之前
的寧靜，攤開地圖複習舊有風景

「獨自將過去與未來闔上
任憑寂寞書寫。」

（二○○九）

謊 言

憂鬱在背光源處遷徙。過度寂寞
記憶被釋放出來
目擊複雜的愛躲藏暗角，悲傷持續進行。時間燃燒後穿梭
氣息間。痛哭而傾盆大雨
沿著消防栓遺跡發覺海的徵兆
合理的荒謬？

「存在與謊言無界線，想起或遺忘
　都讓人痛苦。」

（二〇〇九）

隙縫

藉由你的憂鬱治療憂鬱
結局呢？沒有結局，完整的愛不存在
整理冰箱裡過期的
痛與寂寞。沿著光線往後走
書籍裡一葉思緒，划過太平洋。方舟與傳說不靠岸
失去的其實不曾擁有

「時間與時間縫隙，無法前進而
一直撤退。」

（二〇〇九）

寂寞

塗抹灰色的憂鬱或霧
在鐘塔四方。時針與分針用兩種速度，指涉
同一命題。顛沛雨季竄出自水龍頭
鏡頭暫時將距離拉遠
直到城市縫成一條曲線，起伏在海後端，複雜而單純
挖掘身體的喜悅和憂傷

想念有多種原因，寂寞從不因遺忘而
瀕臨絕種

（二〇〇九）

敗壞

反覆進入虛構的場景
憂鬱已經生鏽，年代比街道銅像還久遠。昨夜記憶
爬上二樓，空氣流動海的味道
暫時不想修改背景，或者說
時光滲透陰影，快樂躺在皮膚上腐壞
而寂寞是不成形的

死亡的腳步在樓下逼近。扼殺時間開始
　帶有罪惡感

（二〇〇九）

輯二：間奏

敘述性存在

一個人坐在海邊看海
坐在海邊看海的一個人沒有焦慮
唯一的焦慮是沒有焦慮
燕子來來去去了幾年
沒人理會燕子來來去去了幾年
生命很繁瑣
你可以用簡單的句子描述我現在的
樣子嗎？

一個人
坐在海邊
看海

時光誌　42

沒有焦慮而
焦慮
沒人理會
燕子來來去去了幾年
只記得
生命很繁瑣
你可以用簡單的句子描述我現在
的樣子嗎？
一個人
坐在海邊
看海
沒有焦慮而
焦慮

燕子來來去去了
幾年

（二〇〇七）

多年後

窗外的海一片安靜
一個人聊電影
島嶼很複雜，你知道我現在的位置嗎？
一個人坐車
看海
好幾年
這一次的行程沒有行程
停滯在站牌前等待下一個行程
公車沒有行經的路段會是
什麼劇情
我再也沒有力氣去揣摩
旅行，從一個城市到另一個城市

時光誌　44

從一種生活
到另一種生活
我已流浪太久
此刻想讓風景固定下來以及
平安
你記得嗎？
那時候
一個人坐在圖書館
看書
抽象的海從窗外經過。浸淫我，我以及我的書
很頹廢很美
壞掉除草機躺在我旁邊
我的書旁邊
那時候
寂寞是淺淺的幸福
略帶驕傲

（二〇〇七）

修改

不斷被引述
海的概念
我只是坐在地圖上
被修改
痛苦被申論
轉述，你說的那些
遺忘後卻能輕易指認
的那些
我好像懂了
吃綠藻口味洋芋片
一個人搭車

時光誌　46

衰老／寫字
我很懷念
你說的那些
成爲句詞之前的
歧義性
這幾年常下雨
文字裡的風景也就
溼溼的
街道被修改
熟記的路牌有
擦拭的痕跡
一個人坐在商店前
查新的地圖
喝可樂
突然想起過去
想起感傷

種植旅程
然後是很多草原與
不確定性？
天氣好嗎？
一切都還好嗎？
你想去看看海嗎？
幸福嗎？
住在那裡嗎？
我想寫信跟你說
我很平安喔！
還有——
海一直換季
沒有人可以停下來
佔領時光

（二〇一〇）

沿途指涉

——獨奏曲

多年後我又回到
這本書的敘述。像一隻海蜇被海收留所有心事般
溫柔

忘記某些字的順序
存在的意義
攜帶《獨奏曲》搭乘你的書
的車
穿過草原
／你的書的草原

很溫柔
有鋼琴的觸覺
有羊群
簡簡單排成我想說的
句子
我是說「好久不見
。我們都累了
無法給多餘的愛而顯得
吝嗇。」
／吃餅乾
喝檸檬紅茶
你的書的早晨酸酸的
翻讀報紙
沿途指涉
「想起些
不是很確定。」

破折號轉折風景
看見海，你的書的海
很憂傷
（空氣有著甜甜的
死亡氣息，就是日子的
味覺吧
而海
一直沒寫完
你說你想寫的一些
是愛嗎？
你寫過沙漠嗎？
你是仙人掌嗎？
一次儲存身體需要的
愛嗎？）
／繼續閱讀
然後是你的書的

雨季
窗外，空氣流動海的語氣
於是又想起一些
吃三角飯糰
喝焦糖奶茶
報紙上的戰爭
一直在進行
我想抵達自己的領土
／往南
寂寞沿途押韻
寫風景
（你難過嗎？
平安嗎？
你喜歡駱駝嗎
你還有力氣跟生活吵架嗎
還是習慣了

你想說什麼
呢？）
一個人哼著《獨奏曲》
穿過草原
雨滲入時間
愛讓想念發芽
沿途指涉，夏天快要結束時
開始
「想起些
不是很確定。」

（二〇一〇）

信仰

先知的憂愁
拿出地圖擦拭島嶼
海更遼闊了
冰山融解後淹沒夏天
淹沒物種與書籍
溼冷的愛
錯亂字詞的溫度
放下譬喻
沿著貧窮寫下純粹聲音
羊群的語言
寫下森林綠色的愛

寫下麥田與風
溫柔的觸覺
寫下記憶模糊的氣息
部首被拆解
詞彙演化，意義改變了
北極熊，白鯨
期待與愛
愛會絕種嗎？
寂寞呢？
寂寞會絕種嗎？
誰教會了我們疼痛
貪婪或冷漠
我要有信仰
每天用水澆滅戰爭的意志
種樹修剪陽光
拔掉恨的插頭

節約用電
捐贈愛給敵人繁殖
收集雨水
遵守時節秩序
我要有信仰
每日翻閱身體
擦拭不必要的欲望
擦拭自我性
讓文明冷卻
禱告每日平安
喜悅

（二〇一〇）

之於

記憶摔碎了
變成海。悲傷
有著淺淺的漂泊感
坐在海灣
承襲古典的寂寞
毫不猶豫
傾訴我的心事
海平面以上
時光線以下
繁殖過期的頹廢
人沒有標籤？

（痛苦擠壓，摩擦
產生了傷痕。）
解讀石刻文
我們都老了
藉著身上傷痛
　分辨彼此
誰搭竹筏離去了？
右手拿筆
拆解時光的意義
淺淺地劃過
飛機的航線
冷清而驕傲的高度
憂鬱沒疆界
　閉上眼睛
用臉感覺季節
風吹涼寂寞

想像冬侯鳥
飛過了詩頁
魚在繁殖詩句
我想我累了
心事都說不清楚
這種華麗的哀愁
關乎什麼？
／背對島嶼
心情反覆被潮水
戲弄。指涉太平洋
記憶太遼闊
　沒有座標
人總是迷路
漲潮後，人變成俘虜
心毫無主權
我想我累了

充滿著倦意
在詞窮的時光裡
說不出話

（二〇一〇）

輯三：短信及備忘錄

短信一

要搭幾號公車去？
讀完《五月的海岸》想要
跟你交換牙刷
牙齒，跟殺蟲劑
「這條路來過，有蚊子
定居。」
寂寞是杯少糖綠茶。路角轉車時
博物館遺蹟這邊
買王子麵
咬咬看這邊的風景
這是橡樹，你說是珊瑚

跟燕子
地圖沒收集啊，但是
我相信

（二〇〇九）

短信二

「我準備下次的遷徙
一個人。」
愛情的臉像個馬克杯
不錯的比喻吧！你還好嗎？
海蜇螫傷的手套
溫暖嗎？
轉開水龍頭，複習海
把《時光命題》跟《聽風
的歌》放入行程，讓過去持續
後青春像一包泡麵嗎？
你喜歡逐水草

而居嗎？
改天寫寫這邊的草原
寄給你

（二〇〇九）

短信三

「我習慣這邊的樹了。」
曬乾襪子，鳶尾花慵懶
跟借書證。
《二月的海岸》是什麼口味？
討厭薄荷糖天氣嗎？
「一個人
我喜歡無聊的形狀。」
烏賊咬傷的襪子，我覺得
痊癒了。還難過嗎？海寫了嗎？
冷氣團走了
我，跟我的草原

時光誌　68

暖暖的
是暖氣機修好時的那種
風格

（二〇〇九）

紀念

我只剩下
貧窮
一罐橘子汽水，兩本舊相簿，未孵化的反戰爭
意志。
恨，跟以色列地圖的
愛瘦得很抽象。打開一條線
種一棵橡樹修剪陽光
紀念和平
跟你

（二〇〇九）

想起

「電影結束時
我想去遠行。」
聊貧窮
找人交換皮脂屑跟愛
／這是合理的
寂寞。這是海，橘子汽水的海讓我想起你
衣櫥發霉
收藏的草原太瘦
死了

（二〇〇九）

前往

「丟掉一棵樹
的左方。」
買一個旅行袋，放入新的字詞部首
跟護唇膏。從月曆剪下日期屋簷樓梯從
右方下樓
／青春忘了我
搭捷運
趕在愛情絕版前
信仰你

（二〇〇九）

相對

又或者
我想用簡單的海來回述你
在字詞之前
旅行
愛是及物動詞
藤蔓的進度攀爬落寞是什麼意思？
／在車上
相對於我
城市是陌生人？
譬如一些過去
實在卻不用從頭說起
譬如你

（二〇〇九）

之前

不預設立場
或結局。不悲傷於簡單悲傷
的年紀
修辭學的海與
夏天草原繁雜卻與虛無
貼齊
／燒一棵樹
查讀文字學，還原意義之前
的部首，或偏旁
譬如你
在愛情之前

（二〇〇九）

輯四：抒情詩

承認

於是我便如此
沿著昔日的寂寞而衰老下去，一種無法制止
的秩序。悲傷的
時間之河，沿著相同的方向寫去像是
書頁裡，頹廢的螢火蟲一般
文字裡我撥開痛楚的草叢找尋
最真實的預言，一種接近死亡的存在也就是那些
　　不得不承認的悲傷

（二〇一一）

遺　失

再也無法相信的存在
或失去，當悲傷穿過回歸線，而風景排列
以燕子方向
我撕毀地圖，撿拾南方的寂寞
並以文字測量海溫。或許夏季過後再也無處收藏土地
或旅程。我選擇繼續抒寫
不復存有的時光，或謊言並
　賴以維生

（二〇一一）

繁殖

深夜，我流動著詩
的意象，交涉時間的長河
彷彿成群的寂寞，在我體內產卵，當鮭魚盛行
苦楚就這樣繁殖下來，語氣也是
此刻過去與未來交換了體溫，以及一些
細微無法言喻的觸覺。在這專屬憂鬱殖民的夜裡
我決定繼續存活下來，悲傷下守護
　時光

（二〇一一）

分辨

再也無法提出
疑問，當季節略喻在我貧弱的旅程
我從口袋翻出所有文字
試圖改寫草原，改寫令人厭倦的雜亂、信仰以及
令人不知覺的感傷而
這些寂寞的氣味，如此真實清晰卻又
無法述說清楚⋯
　像是過去一般

（二〇一一）

拉扯

於是，我折疊著所有的
信仰，在雜草叢生的書堆裡翻讀昔日星圖
夜是真實的
溫柔也是，而寂寞也是。藉此思索消失的愛以及
各種痕跡。時間標出了座標
寂寞在過去未來間拉扯
在天秤星之間，我試圖察覺出生命最真實的
形狀

（二〇一一）

接續

我決定不再說明
清楚，讓真理在寂寞的鼾聲裡繼續睡去
以鹿之愛，停留於沉默的
草原。時間尋著相同的路線死去
接續我舊日的旅程，此刻山杜鵑搖曳著秋天令人
尋著熟悉的意象想念起來，並輕易
辨別寂寞的
　類型

（二〇一一）

荒蕪

悲傷的語氣如此
溫柔，藉此抒寫時間傷痕，或者只是一種
氣息或愛。遠方的海一直在蒸發，高過時間之船
我知道涉水過後又是另一片荒蕪
像我身後的過去一般。坐在寂寞的花旁
失去所有氣息
悲傷是此刻唯一的
　生長

（二〇一一）

界線

就是如此的
意志，反覆點燃昔日的記憶。暗夜涉過起火的草原
沿著昔日的愛或者細節
前行，毫無信念妥協於龐大的塵埃裡
以蛇的寂寞遊走於
記憶與衰老之間。當時間荒蕪一片
我仍擅長於夏秋之際，找出悲傷與寂寞間的
界線

（二〇一一）

超乎

獨自在書裡消化悲傷的
心情。時間或痛楚
像是多年繁殖般，堆疊在我翻讀的生活形式裡
「這其中的劇情，超乎我的意志
或者文字所能抒寫的範圍。」
我獨自躺入絕望的氣氛，放棄思索
像一首詩未完成，疲憊卻試圖容忍新的
　情感

（二〇一一）

消失

悲傷或者
痛苦，碎裂時間的邊緣，轉身後人老了
愛也老了。沿著落葉畫出樹的痕跡，獨自感傷起來
蟬的綠色語氣在記憶裡低吟
寂寞的季節裡，如何辨認那些消失的意象
或愛?自己反鎖在清淡的花香裡
秋末，悲傷有著令人屏息的
　原因

（二〇一一）

屈服

獨自走過樹林擷取
記憶，四周安靜。花在時間裡消瘦了信念
熟練的眼神裡，我該如何述說那些，真實卻又抽象的
思念。愛於是凋落，以退敗的心
不可避免的殘酷事實
我毫無退路，在時光的呼吸裡睡去
在悲傷的風景裡
　趨近死亡

（二〇一一）

疲憊

那麼，就當作是
痛楚的延展，起身於時間的戰火
微微抖落昔日
的塵埃，悲傷霸占旅程大多數的篇幅，而令人疲憊
像是戰俘一般。任意將生命寫在
高過於海的蘆葦旁，文字排列以冷漠的距離
任憑寂寞在風聲裡
　頹廢

（二〇一一）

刪除

揉轉惺忪的
意志，刪剪心事般刪除時間桂樹
的形容語詞
愛勢必稀疏，意義更明確了，透露著月色之光並且
溫柔地咬著我的呼吸
我如此相信，盤旋死亡之翼的的文字裡
即將有人誕生
　冷清完美的存在

（二〇一一）

預知

某種時間
的聲音，以樹之姿斜靠月光聆聽
溫柔的預言，或愛
夜色裡又有旅程經過，方向與時間一致令人想起
某一種風格⋯
思念摻雜著桂花香氣，瀰漫著某種真理
令人信服卻身陷在那些早已預知
　的悲傷裡

（二〇一一）

懷　念

最後一章的
結局呢？尚未寫完的時光擱置除草機一角
仍舊胡亂的編纂著劇情
文字長滿苔蘚，遠遠看去有著夏天色澤
映襯主角心事
如此無聊的活著於是，令人懷念起無端的寧靜以及
戰爭結束前那些早期的
　真理

（二〇一二）

清楚

從未預設如此
的交涉，只是孤獨的茉莉花拉著思緒的嗅覺而
搖曳時，我便想起了
撥亂陽光而行
或許那都是無端的猜測但我
卻清楚知曉其中的奧義
越過草叢我想這些都是如此清楚說明著
　不必藉由文字

（二〇一二）

記得

雨勢逆向而來，就在
島嶼末節裡間接提及了時節的
情緒。低冷的溼氣或霧
讓山起了毛邊，河面上有著多種類的思緒其中
憂鬱色澤最淺，有些氣味的確消失了
但我依稀記得些口語
整個下午，我聆聽著那些對白再也
　無法轉移話題

（二〇一二）

其餘

樹與季節
的關係，如何解釋時間版圖的秩序？
有人帶著軍士繼續攻打著
時間的東方城於是
那些剩餘的生命想必都還繼續抵抗著吧
是嗎？無法預測的戰爭
翻讀早期戰略只是，距離遙遠令人忘記了秩序那就是
　此刻的懷念

（二〇一二）

提及

那是一種淺淺的
敘述，樹木沿著夏天的虛線沿途描寫下去
含有熟悉的修辭以及
色澤。想必已無絕版的價值只是
普通生活著以及
憂傷著，如果問及愛想必會有更多歧義的解釋
或推論，那已超乎界線又或者
　　從來不被提及

（二〇一二）

繼　續

那麼或許就是
樹木的氣質，一種文字也難以敘述的悲傷
小說裡的海洋變化了色澤
映襯主角的哀傷。往前申論（一種
再也無法見識的哲理）
山陵轉折處，看見牧羊人繼續驅趕時光於是溫柔的
懺悔，與禱告
　像是虔誠的教徒一般

（二〇一二）

任憑

暫時不想定義
或提起，時間的凋落
如此慵懶的活著任憑情緒生長，試圖掩飾某些
話題。海邊的羊角藤長滿了
思緒，正好打亂平整的生活
此刻的風景
有著孤獨的九重葛正好沿著造船廠外的鐵絲網
　慢慢攀爬而生

（二〇一一）

或許

最後複述一下
海的規則，如此作爲結語想必如此完整
而切題。世紀還沒結束我便想好了
衰老的話題
那端時間的傷痕或許痊癒了，或者多了一些字詞
抒寫海洋低澀的語言
填補島與島之間的差距
　寂寞的深度

（二〇一二）

失去

如此清楚的劃開了
界線，遺失的棒球倒敘般滾了回來
整個背景移動了
繼續你說是淺淺的痛（應該如此
抒寫著？）我在一場沉默中遺失所有的意義並且
成爲虔誠的教徒
持守那些輕微無關乎痛癢
的信仰

（二〇一二）

放棄

那些刪除的
篇章，如何補充解釋故事的面貌（
或者不需要延續？）
不再依恃歷史活著
結束戰爭了，放棄城牆像是俘虜般躲在句點後接受
另一種不同的風格
留存一種輕微的氣息不帶有些許哀傷只是
　如此的活著

（二〇一二）

末節

荒廢的那些
歲月或記憶，滲入意志裡整段樹景於是
荒涼起來。如此害怕的呼吸著
死亡的潮溼氣息
寫下電線桿撐起初夏暗藍色天空曾經
小說裡的色澤。樹葉上
試圖找尋新生的詞彙，涉過焦慮弄溼了文字於是
　一切都說不清楚了

（二〇一二）

縫隙

於是如此感覺
時間的溼度，整個下午翻閱時間筆記本似的等待
思緒的漲潮
以此覆蓋寂寞之間的失落
青春消失了，夏天卻還沒來
而我正預備著用整片海
也就是某種深藍色口語回敘那些失落的
　早期的祕密

（二〇一二）

抽象

那是一種
年輕的憂愁曾經，在小說裡述寫著
抽象的愛，疼痛淺淺紋身在思緒上但我忘了寂寞
色澤與溫度
形狀，該有的劇情像是
忘了光線般只是如此
在一棵樹的碎影下涉越不經意的憂傷
　然後消失了

（二〇一二）

結語

如此凌亂
的結語，某些思緒似乎再也說不清楚了（
或者說清楚了？）翻讀地圖
想起某段旅程，時光的一切都是如此平靜的消失了
海從中古世紀寫到島嶼東方
也就是戰爭結束的
這端，於是結束了所有的話題
　時間的句點

（二〇一二）

輯五：涉越

失去

／悲傷隨著星序
推移，種植幾株羅勒草混淆氣息
查讀過期的時刻表
是寂寞

（沿著小說裡的
漁市集向前
繞過夏季與防風林、荒廢的濱海公園
坐著等待滿潮
。）（然後章節是
車站，窗外寫著一棵樹以及

更遠處有海
文字溢出主角的過去
種種死亡的氣息。）
（逆風閱讀
翻回漁市集章節，令公車
由著山線寫去
側讀海誌，見識自己卻是
無法交涉彼此—
過去與現在
。）
／然後想起介殼蟲等事卻又
不想繼續敘述
想起流浪與牧羊人
虛構侵略著現實，最後
都受傷了。識別鐵色草枯了此時
感知失去季節而

憂傷，近似凋萎
的莛葉
於是悲傷地哭了，就在
夏季末端。悲傷就像空氣
摻雜著過去
推移

（二〇一三）

孤獨

／故事由丑時
起始，涉過兩章節與夏季就在濃厚的憂鬱裡
結束。期間
鼠尾草在夜裡成熟了
粗糙表層略有時間
的觸覺

（沿冊籍採掇岩石
某種堅硬的信仰，小說裡的角色消失了
修改預先的對話
與風景，經過楓香與

之後的耳豆樹。）（方向隱蔽
反覆藉著史跡驗證前後
樹林散落著前一季
的修辭，雜亂無序
從中辨識時間的意義最後
都失敗了。）
（並未涉入主題
黃蓮木那章節下起了大雨，遠方
牧羊徒失去了信仰
軍士休戰，卸下意志停頓於
中古世紀那端
一直沒有結論
。）
／寂寞侵占著時間
鼠尾草在夜裡轉換了色澤
並未涉入主題

悲傷仍無確切的
形容詞，藉著星象與樹身
象徵。獨自
沿著天秤星涉過南端
轉北，就在遲疑與懊悔間
寂寞成熟了，輕微
沒有人發現
那時木麻黃在南端
孤獨而瘦

（二〇一三）

其中

／穿過樹林以及寓言後
開始。抽長的草木遮掩了方向，其中
記憶沾溼了悲傷

（涉入多年前未完
的小說，沿著寂寞的後院
讀起，那時確實下過一場大雨
泥土裡滲滿溼潤一類的
形容詞。
沿著苔痕背誦節氣
的秩序，寒露的詩句殘餘在霜降裡

樟樹遮掩光線
主角呢？遠行去了
見證各種不同的名詞。）
（涉越兩章節之後
草木更長了些。主角
仍舊還沒回來—
或者不回來了？不說這些了
此刻的主題是過去
干於記憶之痕。
不說這些了，似乎有人轉開了收音機
細碎的聲語充填著
接續於電話聲之後
或之前。不說這些了，關於
寂寞之類的
。）
／沿途指涉季節，藉著

深淡與冷暖
辨識各物，藉著部首（水部）
辨識淙淙的泉水
（木部）辨識森槮的檜木
（心部）辨識悲憫於交獵之間
辨識遼遼的風
方向，過去與未來
放縱時間生長——
抽長的草木繼續欺瞞著
於遠近之間，其中
藏著憂傷與
落寞

（二〇一三）

失落

／小雨之後，故事抒寫於
新章，無法從中延續早期的氣息
與話題

（租借的
時光，主角推著除草機修剪草色
或雲象，陽光曬燙了
思緒，文句持續進展，就在某些不經意的涉越裡
變動。）
（藉著溫氣種植
鼠尾草，在雨水附近

往前些是驚蟄然後
就是你了。規劃簡單的行程像是
列車上的閱讀或睡眠。行程結束，主角
回來了，抒寫文句
期間，草木持續生長
接近完整的寓言
。）
寂寞助長了憂慮，並且
曲解著意義，思緒穿繞至原始
所有嘗試都失敗了
溼冷的詞彙持續
發聲，藉著草葉與獵具
閱讀森林於夏季後端
就在章節之間
小鹿從遠端出發，涉過溪流
與山谷，停頓憂傷的

鼠尾草筆下。
／時光已歸還
時間持續向前抒寫，刪略枯葉
那時有花盛開而
華麗，接近詩辭與
芳華的時光

（二〇一三）

前行

／難以言喻的
意義，結束整段憂傷敘述沿既定的時序前行
意象猶疑，轉換
於虛實之間
藉著修辭清楚指認變動的風景
（想像海，於遠近
之間。清楚看見船
轉化成爲鳥，飛翔於雲海之間
之後想像風
是羽毛，包裹著真理
在思緒之內，是神

的啓示。
／有時是洞穴是夜
恐懼概括成形，像蝙蝠
棲息於時間末端
語氣很輕，寂寞冷僻
隱隱騷動在你介入之後。想像樹，綠色的
形容詞，修飾季節
與思緒。是山脈
駱駝般樣貌，攢攢移動
向後方靠攏
是神話，充滿寓意。）
／想像旅程，斷句
於折頁後段—
接近海，一直都在車窗右方
清楚看見魚，像是
列車，涉水前行

想像鐵軌，咖啡色句子
是段落，或者篇章
持續延伸　在結語
之前。

（二〇一三）

寂寞

／寂寞的結語
或開頭，木葉沿著時間抒寫森林
淺黃色的句子令人
確認了悲傷或
早期的寒冷。以此劃分白露
與初秋，從此走入溼冷
的落寞（如此
作爲結語／問候語
許久相信著愛？）
藉著羽葉辨識黃蓮木的意義
飛翔。辨識鳥

秋天正在移動。
辨識時間與衰老，或者
關於消失（以或者為轉折語
。）
／如此遲疑的假設
悲傷仍早，樹木
維繫著色澤。抵著時間像風於
手掌，於森林之間
涉及時光的衰老
與記憶（以愛作為起語
孤獨的開始。）
憂傷的堅持，悲傷
仍早，旅程就此開始，延伸至遠端
涉越森林，途中
遺失句子而焦慮
懊悔。就在暗夜之前

悲傷仍早，駱駝載著厚重的文字前行，消失於
文章末段，或首段
意義改變了
忻悅與憂鬱，沒有人在乎
／早是寂寞的年紀
逆著時間整理舊昔
的記憶，其實存在或死亡
沒有人在乎

（二〇一三）

失敗

／夏季結束時
開始。抒寫樹木植於詩集
行句間，遮蔽意象
的原始，弱馬啣著舊式的憂傷涉過森林
之外，消失於其間
／抒寫河流
沿著意象高低而起伏
魚群繁殖新卵
與愛，回覆我的衰敗
如此隱喻悲傷於
新舊之間，像是早期沉落的戰船

象徵著頹敗
　（帶著一棵樹
去旅行。與人交換枯葉與
信仰，交換劇情或
焦慮。）（旅程結束後開始，整理落葉與
記憶，繼續早期
的寂寞
。）／抒寫雨勢
干涉詩句的抑鬱
殘餘戰士涉越殘壁而走
而消失。貧窮的領域
收攏意志於短淺之間
關於信仰　永恆
隸屬更早之前的
歷史版圖，確實戰敗了再也
無法抵達彼端

／抒寫字鴿，咬著斷裂的
詩句，飛翔於意象間
改變既有的秩序
早期想說的那些已然消失
永久隱藏於孤獨
之內。

（二〇一三）

落寞

／涉越漫長的心事後聽見
雨聲，從書籍
蔓延至遠端，終於釐清介殼蟲與草木一類
的措詞，有著季節
濃淡遠近的意義
於是放棄所有的嘗試
專致莛葉生長
簡單的規則（讓時間收攏至多年前
落葉回到樹上，季鳥
逆飛向南至底端
季節由深轉淺至夏季。）

簡單的心事如此
倦於提及，情緒裡逼著一種冷出於
長期的頹靡。忽略書籍論述
以溫度揣摩早晚
（時光流轉—
遺失與落拓裡拾取信仰
如此篤定的寂寞。）
終於習得抽離詩句
的意象，追索光線的深淺干擾樹林
的色澤與蘊含
有時任意調度，操持
一切的意義趨向
／如此協調的
嫻靜，闇知草木延展　交涉思緒的
猶疑。熟悉其中聲音其實
近於習慣而失於察覺

帶著一種憂傷
接近鼠尾草沾溼詩句的氣質
究竟在秋末的規則裡
失序而出

（二〇一三）

憂傷

／終於放棄了某些
想法，偏於溼冷的落寞裡由著新生的思緒
抒寫下去
秋季終於生成了蘊意並且
藉著冷暖干擾我
如此涉越章節，感知森林與潮氣裡有著
薄荷葉的詞意，繁雜
交疊著記憶
逆著篇章閱讀著許久
害了時光之累。或許確實
失去了一些本質

如此摻雜著殘舊枯葉
起了某些懷疑
有些再也說不清楚了，形成
錯誤的季節—
藉著一些既得的句法
釋解一棵樹的意義，並以葉色辨認時間
的深淺，近似秋天
確實瘦弱的光，令人
如此倦懶而絕望
究竟介殼蟲也隱蔽了
執於某些遺落的
句子，惦記其中存在的亮澤
關於愛或者信仰
寒露之後即要涉越霜降
與小雪然後抵達
末端，如此計算秩序而

勞累了，或許遠近並無迫切的取捨
只是孤獨落拓
而憂傷

（二〇一三）

感知

／充滿倦意的
凝視，遠方的樟樹勢必超乎了此刻
抒寫的範圍
先前想起的並未結論此時
思緒又增添了些
季節之間，無法捉準意義的偏向
介入身邊的草木
任意分派詞彙標記時間並且
藉著虛添字詞生成
句子（即將進入
大寒，然後就是立春了。）

用手感知時序流動
不再藉著敗壞的季候花指認時光遷徙
草葉與蟲身想必
有著自己的敘述卻已
超乎我的議題
專致於寂寞，進退時嗅得生命
謐靜衰萎的氣息
確認一些悲傷以及
存在的意義，如此倦懶
冬天讓一切沉寂了
如此感知時間
的流轉，承載著敗壞與無奈
試著從中習得一些技法
例如抽象修辭學
藉著比喻象徵
如何操移這些字詞

的位置，生成新的句子與意義
不再只是憂傷
或懷念

（二〇一三）

追索

／繁瑣層疊的
敘述，趁著季節風隱然成章就在
孤獨感傷的交涉裡
充滿欖仁葉的形式或
技法。
如此適合凝視著濃厚光影
其實有些遲疑
既於新舊之間，涉越多種猜想終於
穿越孤獨時確認憂傷的存在
藉此分句思緒並且
修改既有的語氣

如此陷於季節凌亂的字跡裡
略爲害怕，時間
有著季侯鳥的絕意
超乎雲角之外
凝視山勢更加之後的真理
接近寓言的規則
只是敏銳過度而
疲憊，終於棄置信仰於一角
／回想某些句子
或字詞（勢必有著松鼠穿越森林的經驗
只是左右間失了記憶
的記痕。）
努力追索這些，就著不同的
角度，最後疲累了
令光線執於此使得
思緒有了溫度，那時字詞存在著

各種的可能
就在樟樹偏於寂寞的
此端

（二〇一三）

識得

／涉越時間以蟲身
的方式
似乎沒有繁瑣多餘的句法只是
孤獨而憂傷著
關於森林，或許字詞偏於冬季
而冷僻
抒寫著抑鬱與寥寂
就是如此的猜想干擾著
思緒，認定其中雜有時間的意義
隱藏於落葉裡
確實，難以分辨清楚

／招惹介殼蟲的
紋線，指涉某種抒情的可能
卻不再言及悲傷
令其永遠停留於詩之外
成爲不完整寓言
沿著段落向前採掇
葉子，並以色澤分別時間的領域
時間近於冬就是
憂瑟或冷戚
就在小寒附近，於是
收整各種雜亂意象
於文句裡，有時試著改寫彼此於
某種交涉之後——
及於信仰與情感
一切都失敗了，就在
遲疑或進退之間

跌落，於是識得各種抒情的真實
像一種線索，並且
指引。至於其中的悲傷
或寂寞，其實就是
最真實的語言

（二〇一三）

後記

猜想在您閱讀時勢必能夠清楚感知一種雨的思緒，此刻，它就落在微冷的街道上，沿著雨的輕重、粗細，揣測時間前後，大概就在春分之後吧。

一種無端的落寞，把我困在某種虛實交錯的感覺裡。我看著那些溼透的意象，傘、低矮房子以及樹木⋯⋯，有著許多思緒，有時又像是沒有。黃蓮木層層羽葉，堆疊著春的氣息，驗證了我先前的揣測。看著葉子，我想起去年春天那種獨有的綠，經過一年樹葉重新生長，色澤卻與之前不同了，或許經過冬天孤寒改變了一切？我一直專注在這樣的感傷之中，繼續想著很多事，生命的衰弱與疲乏，無法繼續下去般的那種決裂。

關於出走，將思緒投擲於不同的地方，期望撕下詩頁般打亂既有的意象與意義藉此獲取力量，卻又不斷被推回現實，最後更加衰弱了。期間我不斷遊走島嶼八方，其實只是試著改變偏向而已。我曾佇足於海岸，記錄潮汐時刻，觀察海水的漲落進退，乾潮時赤腳踩在溼軟土上，映襯遠端存在的燈塔，那時心情像是昏黃的光線非常平靜，過去與未來不再拉扯，沒有撕裂傷；曾經，我獨自穿梭於森林之間，伺察時間的光影與色澤，由著雲霧而行，感知淙淙的泉水由遠端而來，再由近端而去，高聳的樹木如詩句般排列，有著久遠的存在意義與價值，如此接近永恆；曾經，我至島嶼的…，但是一切的一切最後都回到了原點，所有嘗試都失敗了。關於意義，也只剩下詩了。

此刻，因雨無法離去而躲在早餐店裡喝茶，繼續在不著邊際的憂愁裡。看著雨，雜沓凌亂，我想起了許久以前的事而懷念著…時間無法前進而頻頻回顧，由著無端的思緒，在記憶裡來回走著，分不清遠近，像是模糊無意義的存在…。我知道雨暫時不會停了，於是決定抵著雨而行，沿路黃蓮木以茂盛的羽葉支持我，是我唯一的溫暖。途中我知道生活將會持續充盈著各種無奈，存在需要更多的力量與勇氣，而我卻沒有任何想法，只是如此專注著這些詩作。

感謝國藝會、文史哲出版社，以及建男、時雍抽空寫序，讓詩集出版完成，讓文學在漫漫的時光裡得以持續。